El sexo anal de las ranas

El sexo anal de las ranas

Libro de poesía o poemario con toques eróticos

Fran Sierra

Primera edición: enero de 2020
ISBN: 978-84-18149-26-9
Copyright © 2020 Fran Sierra
Publicado por Editorial Letra Minúscula
www.letraminuscula.com
contacto@letraminuscula.com

Todos los derechos reservados. Bajo las sanciones establecidas en el ordenamiento jurídico, queda rigurosamente prohibida, sin autorización escrita de los titulares del *copyright*, la reproducción total o parcial de esta obra por cualquier medio o procedimiento, comprendidos la reprografía y el tratamiento informático.

Palpitaciones terminan.

Excremento asfixia al excremento.

Sombras caminan, gusanos

extirpando la boca y el ano.

Secuencias de colores simulan al hombre

en la escasez que tan solo irradia.

Hemos venido a este mundo para pensar, comer

y hacer el amor sin descanso, como si estuviésemos castigados.

Con los años se va tejiendo el ovillo.

A tientas enrosco las norias de las aleatorias

aletas de los cambios de las mareas.

Afligidos contemplamos el universo con ojos

enloquecidos.

Frígido en temporales adjetivos debido a la

distorsión.

Caminos pomposos exhalan, diurnos, el amanecer y

la mentira de la materia como si plomo deslizaran

venas, sangre.

Hay plomo y de todo en nuestra sangre.

Este sistema nos engaña y envenena.

Este mundo está demasiado contaminado.

Por el hombre.

Son color del cobre los instantes de los

inmensos cangrejos que pueblan las esquizoides

cabezas, ya que la menta del arcoíris ni es pueblo

ni es atajo.

Tan solo el arroyo sangra pájaros y se alimenta de

iris y pupilas de enjambres de hadas jóvenes,

que actúan como sirenas y acorralan la nostalgia repetida

con fusiles de asalto.

Hay marmita en los paneles de abeja que dejó el

campesino tras la siesta no concebida.

Hay metamorfosis en las dunas de los desiertos desmontables

más próximos.

Acunados nos debemos mecer porque nos hemos

cargado medio mundo y nacemos y nos sentimos como los

peces, con la barbilla precipitando limones y limando horizontes.

Un fantasma de humo que colorea mi sien,

no sintiéndose sentado y encallado con

ímpetu y bravura, despierta telarañas estallando

botellas como si las venas fueran culebras reptando.

Rompe el alba fuego de arcoíris y él, como buen poeta, asesina

con la palabra las malas fuentes de la poca gana.

Solsticios invernan la salvajada y, como buena lombriz,

hace la digestión en el lavabo inyectándose soledad y leyendo,

cómo no, un buen gran libro de un poeta de verdad:

Baudelaire.

Todo lo bueno o te deja ciego,

o te pone gordo,

o te hace reír.

Igual quien hace por la humanidad…,

quién sabe…,

quizás la está jodiendo.

Me metería sin condón en la jaula.

La noche silba una madrugada

porque, al acostarse, los pianos duermen

musicalmente hablando.

Triste el cristal cruje y dolorido

rompe envoltorios.

Una persona, si no es revolucionaria, los

mapas no encajan. (1)

Las generaciones revolucionarias con rotulador

pintan bien. (2)

Estallidos aprietan crujidos y los desechos

se reconstruyen de nuevo. (1)

Las generaciones van rulando

porque los años mueren. (2.1)

Sospecho que a mí me gusta juntarme

con genios,

un genio eres tú,

tú, tú, tú

y tú y tú y tú.

Una genia eres tú,

y tú y tú.

Sois brillantes carnívoros,

vegetarianos, australianos, africanos

españoles, rusos, chinos, japoneses.

Hermanos, personas.

A las constelaciones de mi reloj

hay que darles cuerda para que los

parámetros verbales de tus coordenadas

hagan paz, recen y hagan el amor hasta morir.

Fornicando.

Las condenas de tus suspiros son paraíso y el

fuego, tu fuego,

es demonio de reja.

Soy visionario; me lo han dicho los prólogos

de los silencios.

En la cueva, durante todo el día, sangro poesía

y vivo tras morir mientras lo que queda del

día, que es hermoso, termina.

Como la captura de los diablos en coto de caza.

Suspiro y vuelven los pianos a mis cimientos

porque el trébol se hizo consecuencia y escarcha.

Y la escarcha, dada la vida, es penumbra.

Por eso es vida.

La vida solo es maravillosa cuando esas señales

maravillosas, que es de lo único de lo que se compone

la vida,

desquebrajan.

Alumbran, en delicados páramos,

branquias de vagabundo que relucen como vómitos

de garganta y de hierro,

guiños a una tempestad que no existe,

guiños de luz que sí existen y te hacen sentirte persona,

guiños que te hacen personas maravillosas,

farolas y luceros de vaso de alcantarilla y realidad,

que es a lo único que aspiro (a la realidad),

vasos de hierro y niebla sumergidos en perfilados colores,

vasos llenos y vacíos de manchado de barrios bajos.

Rachas, lámparas que se unen con lo temporal y presagian

destilados acontecimientos en transeúntes frases que son el

opio del pueblo, de los que no quieren escuchar ni ser

realistas

y menos ser conscientes, porque ser consciente implica y es señal

de buena onda, amor y sexo.

Da igual cómo sea tu personalidad o de dónde vengas porque, aunque

no creo en un dios convencionalmente, aparte de no saber nada, sé que

nadie es más que nadie y, si tu piensas diferente, es porque no respiras

paz o escribes poesía. Bueno, podría decir muchas cosas, pero la gente

que no merece la pena tiene ya bastante con su mierda y con los programas

destructores del ser y del cerebro, es decir, televisión telebasura.

Avisos dentro de estas señales que me hacen mirarme de nuevo.

Humanidades que poseen estos monstruos de humanidad que no

regurgitan por no mirar a quién no vale la pena ni una pizca.

Gracias, os digo, iluminados: vagabundos, cruzados, ovnis, neuronas, surferos,

barqueros, cínicos, descerebrados, perdidos, cruzados otra vez, escritores, poetas,

intelectuales de rama roja, estelas azules.

Branquias deshechas de ese, el vagabundo que me vio nacer, nacer porque antes, mientras

vivía, estaba muerto y, ahora, vivo.

En este mundo, los extravagantes pisan fuerte,

ya que se salen, normalmente, de la norma y esto,

precisamente, no es que esté muy premiado, sino

todo lo contrario: es sancionado.

La baba que resbala al caerme es lo que soy.

A la vez que existimos, muchas veces ni siquiera somos de carne y hueso.

A los hechos me remito. (1)

A la par que existo, no soy nada más que una roca y una hiel seleccionada. (2)

A la vez que sostiene el diablo y el ángel,

demonio no es.

Solo trigo, abdomen y adorno navideño.

Los dulces y finos cielos rugen sueños y los cascabeles

anuncian su salida.

Tú te preguntas: ¿...? y, mientras, el mundo pone

a cada quien en su sitio.

Trabaja como un jabalí de circo que, aparentemente, está en el paro, pero tiene cinco trabajos en b.

Ser rencoroso solo te sitúa en el punto
muerto del regurgitar de los buitres leonados,
que no tienen casa fija, pero sí tienen un gran corazón,
porque, aunque no se lo vemos, babean de gusto las sirenas
al otro lado en el triángulo de las bermudas que, para mí,
obviamente,
no solamente existe, sino que a los castigados en la pizarras
de los colegios
los envían allí por unos instantes.

Olemos a hiel, a semen, a tortilla mal hecha,

a bilis, a descuartizamientos,

a asesinando a la humanidad, a la poca que queda.

A hiel, a trocitos de esputos, a nitroglicerina,

a disparos, a diptongos, a pisaflores vivas,

a cuartel, porque oler a cuartel no significa solo estar

encerrado. Ya estamos todos encerrados en esta cárcel

sin ambientador y con las colillas con restos de todo

tiradas en las calles.

Ya queda menos campo, menos pueblo, menos gente

sencilla y, mientras, la bilis brillante se acumula en

nuestros armarios.

Olemos a diafragma, a fútbol como parte de un negocio,

solo eso: parte de un negocio.

A pandereta con astillas de madera y sin sonido.

Somos explosión de anticipo.

Cartel desfigurado no existiendo,

caratula de llama sonriendo, eyaculación.

No me defino con ningún término común,

así que no me definas tú sin conocerme;

sencillamente, yo soy yo y puedo decir que tengo

mucho de libertad y de rancho libre y abierto a

todas aquellas personas que valgan la pena.

De la mente complicada

viene la genialidad.

Un pájaro me vio

o a un pájaro vi.

Yo creo que él, antes, me

vio a mí;

él me miró

y, a los tres segundos y medio,

se fue.

Y yo dije para mis adentros:

"Sí, normal…

que te vayas.

Tú has visto que yo soy bueno,

pero no tanto como tú".

Los humanos no nos acercamos a

vuestra bondad ni por asomo.

Yo soy poeta.

No soy nada más.

Lo que está criando la sociedad:

futuros asesinos, psicópatas de todos

los grados, violadores, extorsionadores,

dependientes de supermercado con mala baba,

manipuladores de todos los envases posibles,

ladrones de bolsos para quitarse el mono de los

mismos medicamentos que da el sistema y que también

crean otras enfermedades —por no decir adiciones terribles—,

drogadictos varios, gente con ojos de demonio y múltiples

caras y máscaras no defendibles. Lo único que se entiende

es que cada vez más estamos rodeados de monstruos en

constante crecimiento, en el sentido de aumentos de fases

cada vez más siniestras, futuros mafiosos de compañías telefónicas,

mentirosos compulsivos y ludópatas.

Hoy volaré,

como un buen hada macho.

En proceso,

en descomposición, tejo reliquias

de la oportunidad que nos queda.

No seas obstinado y verás el crepuscular amanecer

derritiendo solsticios y veranos de plastilina.

Relajado y a la vez salvaje, follo a los ojos del

diablo como si este fuera la rama de un tronco

al quebrarse que, inundándose, resurge de nuevo

como el whisky y la droga que hoy no bebí.

Ardiente es tu calma.

Frío es tu fuego,

porque al amanecer yo pesco en las rocas

tú hablas conmigo como un ángel; yo, psicótico.

Como transeúntes en una ciudad, los pájaros caminan por

el agua y, de tu sonreír, esta vez que de un ojo tuyo veo

el guiño y el brillo que hacen otras fuerzas sobre tu inmensa, aunque alma temporera y fugaz miniatura existencia.

Los designios hoy dijeron: "No en las rocas", y tu vertiente invadió

ausencia y el pesebre bebió de nuestros pasos.

Frío y calor.

Claridad y oscuridad.

Las catapultas de los delirios ayer eligieron silencio y hoy,

con la tormenta inmediata, yaceremos hasta extasiar y derrumbarnos

como los pájaros se derrumban ante tanto caos y exilio de precipitación.

Ahora anochece nublado mientras los platillos nos dicen de dónde venimos

y el mundo, más que girar, se destruye; tal vez alguien nos coja confesados

y nos de otra oportunidad antes de partir hacia la roca fluorescente, oscura y áspera

de la verdad, de la realidad.

Hoy volaré como algunos días.

Siempre volamos;

lo que sucede es que siempre no nos damos

cuenta.

Hoy volaré

haciendo llave y reloj troquelados

con el azul y el verde de tu espuma sexual

de fuego y de fármaco de un bonito

hada macho.

Calles vomitando,

ojos sangrando.

La escarcha de tu espuma me hace

sonreír rociándonos de un amor trasparente

que no existió, aunque sí cabalgó los azules

páramos.

Viento.

El humus de tu cuerpo con mis manos

hacen círculo y somos frase, tiniebla y escuadrón.

Ayer no crecimos más que hoy, pero tu escarcha fue

la causa de nuestra unión, nuestro porvenir y nuestro

polvo de fuego inagotable que no saciaba con las horas.

Queríamos más y más, sangre y poesía.

Aguardiente y soledad con nosotros.

Tabaco, pasatiempo y nubarrón.

Tus pasos cada vez están más lejos del sol y más cerca

de la sombra, de nuestro nido.

Tu alma siempre tendrá pronombres de honestidad y canto

de amanecer entre pájaros, solsticios y precipicios.

La vida es un precipicio; tú eres poesía y la bruma da

paso al invierno que va transcurriendo para acabar, como

todo termina.

Susurra la poesía marginal que sangro.

Mis ojos,

penumbra.

Tu sexo duro, lujuria y selva.

Frutas silvestres.

Oscuridad.

Luz de nueva vida con llanto angelical.

Demonio y ángel.

Vertedero y bebedero.

Comienzo de estrellas girando.

Lobo.

La vida,

el mundo.

1- Hombre: ¿De dónde vienes?

2- Yo: ¡No sé ni de dónde vengo!

> Exilio, nocturnidad. Exalones de pollo procedentes de los comercios de la mentira y de la duda.

>En jaulas trepamos el crepúsculo de la crisálida anaranjada por la bravura de la marea que, escupiendo, trepa heces.

>Las heces son consecuencia del triángulo de las bermudas que, como todo sueño,

sueña, ríe y palpita.

> Los corazones sufren por la vida del artista de verdad, "el que se autodestruye".

¿Y qué es la vida?

> La vida y la muerte son parte del mismo trapecio de escenario que,

con pulmones dilatados, palpita y ruge entre gritos, desencuentros y algún tierno momento que se escapa distraído.

>Los susurros de los cabos de los muertos de las embarcaciones dilatan el paisaje porque su voz, que es frase, indudablemente esputa lagunas que, en noches negras y azules, niegan a todo hombre borracho que balbucea a los candados de la vida y a las rosas porque por suspirar no tiene silencio y el silencio, que es todo, respira las branquias de la pureza de esas algas que suspiran entre lluvias al tener vida, de pianos rígidos como granizos, escarcha.

Continúa...

Continuación...

> La misma escarcha que el marino barre con su aliento

helado la escupe en la captura en forma poética

de una caza anfibia, rígida, rígida, anfibia, ya que en el mar

cabe destacar: no hay solo peces; existen murciélagos, serpientes

y bribones.

Oscilando por afuera del principio y dentro del final,

eructo alambradas para que a mi padecer y parecer

el mar se comerá a las catapultas de la inconsciencia y solo

la roca morirá con dignidad. Porque, a pesar de todo:

¿quién sabe lo que es el hombre y lo que este esconde?

Me he comido todo el jamón,

todo el pescado frito a temperatura ambiente,

todas las croquetas,

todo el pan frito,

la mortadela

sin pan,

siete quesitos,

diez barritas de queso manchego,

y he descongelado carne

y la he hecho a la barbacoa.

Cuando uno está enamorado,

lo referido a tener sexo

es hacer el amor

y, cuando es vicio o uno siente

atracción o tiene ganas sin más

complicaciones por cierta persona,

es follar o sexo sin amor.

Es muy diferente y mucha gente

tiende a confundirlo con frecuencia.

¡Ponte condón!

Que a los hijos hay que criarlos

y educarlos.

La que es fea es fea.

Y la guapa, guapa;

la guapa, aunque no se ponga

maquillaje, estará preciosa,

incluso más que con él.

Y la fea no siendo tan guapa,

como el pibón, tendrá, casi siempre,

mucha más alma y personalidad en muchos casos

que muchas de las bonitas que

nombré.

A mí me gustan las guapas dentro de

mi gusto y etcétera, para que te voy a engañar,

aunque no te engaño

porque, en muchas ocasiones, me gustan

las que para muchos son feas o peculiares,

a veces,

y puede ser diferente al enemigo y viceversa.

Eso sí,

hablando ya de cuerpos,

no voy a ser ni común ni ovejita blanca de rebaño

de mayorías que son o suelen ser los más

en equivocarse.

A mí, los cuerpos de las mujeres me gustan.

Depende la mujer y la suavidad de las almas

entre nosotros o nosotras.

Pero, a lo que iba: a mí lo mismo me gustan

flaquitas o delgadas, que gorditas, que altas,

que más bajas.

Sobre todo, que sean buenas y sencillas.

Continuación…

... continuación...

Que Dios o los dioses nos cojan confesados.

Tú, mientras, espérame en el infierno, que yo voy a comprar incienso para alumbrar esta penumbra.

Y mi riego sanguíneo con volteretas de iluminaciones hechas poesía o algo que se le parece tendrá su destino final como toda aportación, todo camino, todo campo fértil sembrado.

Y, en el transcurso del tiempo en el que voy y vengo, le dedico unos minutos al vagabundo del callejón de la esquina de la calle de debajo mismo que ya se lo merece.

En algunos de los que dicen que

hay mucha mentira,

siendo exigentes con uno mismo,

musicalidad y entorno de malditismo,

genialidad, umbrales y psicodelia de

vaso amarillo de whisky barato;

también hay mentiras, sucesión de los

días y alpiste de enjambre con

dormidina y manta de lana.

No es valorar, amigo;

la sociedad está poseída por la

mentira, la prisa y las gilipolleces.

Tú solo opina que somos amigos y

hermanos de sangre.

Si fueras un idiota —que no lo eres—,

te mandaría a tomar por culo como a

tantos que existen, pero no aman.

Mandar a tomar por culo es fácil y

suena fácil, rápido, instantáneo y fugaz.

Lo que yo he estado pensando últimamente,

y que la gente no suele pararse a pensar y es

lo más bonito de este tema y de esta expresión,

es la cantidad de formas que hay para hacerlo

y, lo más curioso,

el enemigo, en muchísimas ocasiones,

ni se entera.

\> A algunas y algunos!!!!!!!!!!!!

\>\> ¿Si no sabes llevar ni un coche...,

\> vas a saber llevar una vida???????

\>\>\> Mi secreto...

\> malvivir... la.

Ser mediocre...

es una manera

asquerosa de vivir...

… recuperándome de la catástrofe ambiental que

ha sufrido mi cuerpo.

He escupido,

he sangrado,

he bebido de las heces que

alquitranaban la corteza de escombro

con forma de pico de pájaro.

He eyaculado fuentes de

prestigios y derrotas.

He sangrado,

no he soñado,

aunque sí he dormido para soñar

y, luego, al rato, después de oír cantos

de animales en los frágiles recuerdos,

sonámbulo me inyecto mezcalina para

sobrevivir así a un silencioso

desvanecimiento adormecido.

Pupilas, como cada día, despiertos y soñadores.

Los bocazas y la gente por

el estilo,

al final,

se mueren solos,

con su propia sed y con su propia

hambre insana y consentida.

La vida es un bombón bomba de bombones de sal y bombines de azúcar.

Somos como cangrejos vomitando afrodisíacos.

Es un veneno

que irradia poesía.

La vida es un sueño con estrellitas que te estallan en los ojos. Como glóbulos rojos y blancos, revolotean en el organismo de las esferas.

Las nueces son espirales de dimensión
en hipnóticos laberintos.

Los caracoles reptan por la vida porque
son corazón y motor.
Y los senderos que dejan pegados en los ojos
son anestesia para los estallidos visuales que, como
todo el acero, brilla, resiste y resistirá en el tiempo.

No me gusta ni esperar ni que me esperen en esta guarnición de palabras.

Esa es la clave:
no esperarlo, pero sí cosecharlo.
El maíz no hizo castillo, pero sí pirámide.
Antes de nueve avestruces, hay tres preguntas
y, entre las preguntas y las estepas, hay siete claves
y un silvestre ganador.

Saldrás a la luz para aquellos que no te ven.

Sepultarás la superficie, porque tus pies no andarán y menos volaran.

Toda desigualdad acaba en guerra
o debería,
porque todo campesino que, con sudor, se gana el pan y
después, sin descanso, día tras día labra campos para
embellecer
el planeta debería ser muy recompensado
y no para ser preso del capitalista, aunque, si lo es,
para eso está la pintura y la verdadera palabra para
embellecer
al por mayor y no precisamente bolsillos de sucios
aprovechados.

Si no vives la historia de ese mismo día
no lo haces poema.

Ahí está todo
en la mezcla del sí y del no,
de lo bueno y de lo malo, locura y razón.

Yo creo que soy un delirio constante.

No por temer soy navaja;

inyecto oscilaciones a la nada.

Puedes ser culto por muchas fuentes secas y razones,
pero nadas demasiado temeroso y tu mente te delata
porque, aunque no hablas mucho…,
no hace falta ser Einstein para saber que todo
se ve en los ojos.

Huevos de sangre sin cubierta compacta.

Hay que rezar hasta no creer.
Pero, ante todo,
respeta siempre
las opiniones ajenas,
siempre que estén dentro
de una buena persona.

Es lo que nos une a las personas:
las personas.

Hay que dejar al tiempo
su turno.

El silencio es arbitrario de sucumbidas exhalaciones.

Futuras frases

dice mi pensamiento en voz baja.

Somos como cangrejos vomitando
apocalipsis;
somos como si la escarcha con la que
deslumbramos tuviera horizonte.

Este mundo en el que ahora vivimos
está hecho para las ratas,
no para las flores.

Poéticamente,

eres un aforismo de

sentimientos y tus umbrales

son marea.

Porque tu marea en forma de reloj

y con esa estructura

navega horas y minutos,

y estos

mueren en su mismo fin,

que empieza ahora.

El verdadero poeta es humanista
y consciente,
que es lo que hace falta en los países
destrozados y deshechos por el egoísmo,
la envidia y un centenar de etcéteras.
Hace falta conciencia, más humanidad
y mucha coherencia.
Este poeta que escribe está muerto de pena,
muerto de rabia y desecho de
tanta tristeza.
Estos cerdos que nos roban están cavando
su propia trinchera, que es un cobijo, sí,
pero repleto de inmensa y vil basura
como casi todo el hombre de ahora.
No quedan hombres;
quedan marionetas.

Yo hago el mismo caso a un abogado
importante que a un vagabundo importante
y a la morralla de la gente importante;
fuera, aparte de ignorarla inmensamente,
no le hago ni puto caso en cosas
que no sean de fregadero.

La mediocridad siempre fue bálsamo de falso yodo,
no poético
y herramienta de los que buscan destruir a
los que verdaderamente merecen la
pena por aburrimiento,
maldad y falta de amor propio y, más concienzudamente,
de amor hacia los demás.

Inteligencia, locura y poesía:
una bomba de relojería.

Ser mediocre…
es una manera
asquerosa de vivir…
y, desgraciadamente,
no solo abunda lo que es inconexo,
sino que se extiende
como las pulgas y las plagas.
Fue una peste…
Ahora es una cultura en muchos
países.

Los poemas de verdad, como las personas de
verdad, llevan
corteza, caparazón y espina.
Luego cada uno se conoce a sí mismo
para encontrarse.
Algunos se reencuentran con el lobo,
que este mismo le susurra al oído la
libertad escondida.
Ya sabes eso de que, si eres, eres.
La gente juzga mucho, pero son eso: gente,
mucha gente.
La persona de verdad lo tiene complicado en
este mundo, muy complicado,
pero son eso y nada más: personas.
Los perros y los animales ladraban;
los hombres a veces se los comían.
Los hombres a veces soñaban y sonreían;
otras destruían, como casi siempre, espejo.
Y la muerte aniquilaba nuestras entrañas.

Cada vez que salgo de casa, yo dejo el corazón guardadito en una caja.
No vaya a ser que alguna princesa con alma de hastío, o un truhan macho,
o una polilla con alma de aniquilamiento y esporas de egoístas que brotan
muy a menudo en este paraíso
perdón, quise decir ambiente o sociedad asquerosa…,
me lo quiten, me lo arranquen.
Hoy en día no ves a los niños felices en los parques,
con sus muñecos o instrumentos musicales.
Los ves apolillando su cerebro en vitrinas de aislamiento y artificiales
enjambres de inventos artificiales e infernales.
Los niños no corren jugando con su pelota o con su película
metida en su imaginación. No, la mayoría no.
Los vertidos no enseñan eso.
Enseñan a ser cada vez más dependientes de medicamentos absurdos,
que hacen más daño que beneficio.
Un pajarito reaparece en mi vida como una sorpresa feroz
para alumbrarme de esta real penumbra, para decirme:
"Tú eres un hombre, ¿no?"

"Sí". "Pues pregúntate y, sobre todo, pregunta a los otros hombres

o lo que seáis: ¿qué son las drogas sagradas?

¿Qué conciencia es esta que ha perdido todo horizonte, todo hombre y

el presente presenta oscuro?".

Las esmeraldas y las medusas son participio de este destruido mundo.

¿No tienes bastante con ese alimento?

¡Otros no tienen ni tomate para echar a la pasta que tampoco tienen!

Horizonte, trajinar, cabalgar.

Vigas de hierro sostienen el oráculo que también está a punto de estallar.

Solsticio.   (Continúa)

(Continuación)

Ralentizada participación y precipitación acondiciona vuestra respiración en universales trapecios de marionetas de metales.

Anticiparse es correcto y el susurro de tus labios tienen esa humanidad que

falta, yace lo contrario de lo contrario.

Los carruseles giran y, adormecida, me miras y sonríes.

Anulas mis sentidos.

El sexo anal de las ranas

El que tiene prisa y va con prisa,
al final, paga más el pato
que el que no tiene prisa y tiene
el mismo tajo.
Porque, al ir con prisa,
las cosas fallan más y, al final, se
estropean por h o por b,
y, a fin de cuentas,
estoy seguro de que
acaba antes llegando a un
puerto seguro y estable el que
no tiene tanta prisa y lo hace con sigilo
que el que tiene prisa que al final rompe.

Es un desgarro inspirado por
mezcla de odio y ángel.

El sexo anal de las ranas

Entra a robar con algo de dinero en un
bolsillo, en un local cualquiera,
pero hay ratas y políticos del ahora, y sale
del local medio desnudo, sin dinero en ese
bolsillo, sordo, loco de tanto manipulador,
mareado y también sin el dinero que se
supone que había entrado a robar.
Ups... se me olvidaba, también salió con
la deuda de una casa de madera en ruinas que
compró, ya que está totalmente apolillada,
un seguro dental que tiene que pagar y,
además, para más jodienda,
se ha comprometido, por un sueldo de un euro,
a quitar a mano uno a uno
los pelillos del césped de un inmenso
campo de golf.
Total:
logro conseguido,
un euro ganado.
Fin. De. La. Historia.

LA CONDUCTA DE LOS IDIOTAS:

No hay nada absurdo cuando la mente del
humano es cada vez
más perversa.
No vamos bien encaminados
hacia el campo de frutales donde caminaban
Adán y Eva y nos prometieron manzana y flauta.
Muchos animales acuáticos
comen plásticos y nosotros también.
Así somos.
Este es uno de los muchos ejemplos que
existen y que verifican
que todos somos animales.
La diferencia es que todos los animales
de verdad tienen alma y los animales de
mentira, nosotros, tenemos sed,
sed de destruir,
sed para derrochar,
para pisotear
estanques y lagunas.
No me digas que no me acuerdo
de ti.
Estoy borracho,

sí, borracho,

pero, aun así, me doy cuenta de

la mirada de los perros,

ya sabes, eso de que los ojos dicen todo

y no mienten.

Pues eso, el perro y los animales no mienten

y tienen eso que muchos humanos no tienen.

Somos derroche, arcoíris con lluvia y destrucción

(Continúa)

mucha destrucción.

Ahora que el reloj no miente,
que siga la sociedad tóxica con la
absurda y enfermiza prisa
hasta que revienten.

Y que lo que quede de vida y de
mundo destruido que lo aniquilen
y que lo gasten viendo novelas baratas y
TELEBASURA.

Así nos va.

Un saludo.

Odio a todo aquel
que no hace más
que quejarse de todo lo ajeno,
que, aparte, sin mirarse él,
no sabe con certeza
si es hombre,
exhombre o abeja maya.
¡Voces de ultratumba!!!!!!!!!!!!,
no os quejéis tanto y poned solución
a un problema que acontece,
¡¡¡canallas y detectives!!!!!!!!!!

¿Por qué me destacas la parte primera
del alumbramiento?

Imagino que porque te gusta,

pero yo me pregunto……..

¿no es mejor el final?

El hierro se estanca en el fondo;
el agua del río fluye y, a pesar
de todo, quizás los metales se
desintegren por el transcurso del
tiempo y los apareamientos de los
pájaros y de los roedores
fluirán en consecuencias de vapor de nube.
Estos polvos, olores y movimientos
contienen las mareas allá a lo lejos,
ya que tan solo
somos tiempo.

Muchos y muchas llaman arte
a lo que no es arte y, a lo que es arte,
no lo catalogan como tal.
Pregúntale sigiloso, para aprender de
verdad qué es arte, al vagabundo borracho
o al vagabundo psicótico, que estos son
de los pocos que entienden bastante.
El arte es desangrarse con desgarros;
el arte es sufrimiento;
el arte es guion acompañado con
café y limón de conciencia.

Las esdrújulas de los caracoles
tienen sed al amanecer y, al
sonreír, tuercen molinos.

La vida es una rosa marchita de podredumbre.

Y, en otras ocasiones,

florecida en el esplendor de su juventud.

Cuenta una pequeña historia que un niño autista
tenía una planta y que esta planta conversaba
con el demonio; no tenía la planta apellido porque
abusaba del fertilizante y, por esta razón, había perdido
el nombre.
Los dos amigos —los cuales excedían de serlo—
jugaban al balón por adentro de su terrible inmensa
imaginación.
Jugaban a las casitas y a los habitantes de esta
les daban té y limón.
Los monstruos de este gran niño, como todos los
especiales, le comían las galletas, pero, como él
había abierto capacidades en límites insospechados,
no les temía y aprendió a hacerlos desaparecer cuando
lo creía conveniente.
Un día los cerezos despertaron y, aparte de que las flautas
de colores silbaban una gran melodía, el niño partió hacia
otro mundo. Fin.

Son exactamente lo mismo de tóxicas las personas
muy positivas que las personas muy negativas
y diría que, a pesar de estos dos estudios, si se
pusieran a analizarlos,
el mundo sigue igualmente destruido que hace
unos años.
Los días mueren; no hay vuelta de hoja.
El mundo también gira;
no hay más grande realidad que esa y menos
verdad tan sugerente como esta.

Las palomas ríen con su aliento amariguanado.
Las picaduras lloran esfinge.
Los triturados de salinidad atornillan al precipicio del huracán.
Las mariposas vuelan condimentadas por su pronóstico; las hadas sueñan, beben y me seducen.
Nos sumergimos en revolcones del eructo violento del cisne nuestro.
Los treintañeros solicitan nube.
Resquebraja la luna.
Fin.

La poesía es buena para la
deshumanización. (1)

Si es afirmativo que hay mucha mierda,
el mundo entero tiene que saberlo. (2)

A mucho libertinaje,
nación destruida.

Aunque no lo creas,
en el caso de que no hubiera
tanto trasto a veces implacable,
también se encuentra destruida la forma que cifro.

\>políticos de un color y bandera: destrucción.

\>políticos de otro color y menos bandera: destrucción.

Humano, interrogación: no cuadra.

Cuando uno encuentra su sitio,
todo es más fácil.   (1)

La realidad del tiempo
es que los cielos mueren.   (2)

Esos...

son aniquiladores de

la poca verdad que queda o existe.

Ranas eructando invertidamente en

la laguna de la mentira.

Escasos naufragados pájaros de marisma

silban la poca realidad que aún

resiste viva.

Las plantas de tu pecera enseñan, en visuales rachas de pereza, el caos.
El caos en mi cabeza es irreparable pero tranquilo.
El tiempo pone todo en su lugar y todo acabará pronto.

Estamos endemoniados por quienes nos endemonian. (1)

La vida y la locura
son dos esferas girando. (2)

De las personas que valen mucho,
los envidiosos
sienten celos. (3)

Nos hemos acostumbrado a vomitar hiel y
pisamos sombras digitales en la diagonal de
la vertiente del diafragma.
Tosemos pasado y futuro porque hay presente
y, en las mandíbulas de los peces globo,
está el secreto maternal del niño hacia su madre.

FIN...

OTRAS OBRAS DEL AUTOR

EL TESORERO DE LAS SOMBRAS: escritos a la humanidad (recopilatorio).

LA VOZ QUE NO TIENE HABLA: POESÍA RESUMIDA.

RECOPILATORIO APROXIMADO.

www.ingramcontent.com/pod-product-compliance
Lightning Source LLC
LaVergne TN
LVHW041710060526
838201LV00043B/661